Holger Herrmann

Techniken des Data Mining, Knowledge Discovery und SPSS

GRIN Verlag

Bibliografische Information der Deutschen Nationalbibliothek:

Die Deutsche Bibliothek verzeichnet diese Publikation in der Deutschen National-
bibliografie; detaillierte bibliografische Daten sind im Internet über http://dnb.d-
nb.de/ abrufbar.

Impressum:

Copyright © 2004 GRIN Verlag GmbH
Druck und Bindung: Books on Demand GmbH, Norderstedt Germany
ISBN: 978-3-638-90423-0

Dieses Buch bei GRIN:

http://www.grin.com/de/e-book/80443/techniken-des-data-mining-knowledge-dis-
covery-und-spss

FernUniversität in Hagen

Fachbereich Wirtschaftswissenschaft
Lehrstuhl für Wirtschaftsinformatik

Seminararbeit zum Thema
Data Mining

Seminar: Wirtschaftsinformatik
Name: Holger Herrmann
Abgabetermin: 14.05.2004

3

1   Einleitung

1.1   *Definition und Ziele des Data Mining*

Schon seit ewigen Zeiten sammelt der Mensch Daten. Über seine Mitmenschen, die Umwelt, schlicht über was, womit er tagtäglich in Berührung kommt. Mit Beginn des Computerzeitalters wurde es möglich, diese optimal zu speichern und einer Vielzahl von Menschen zur Verfügung zu stellen. Diese Entwicklung steigerte sich in den 1990er Jahren, als der Trend zu immer günstigeren Massenspeichergeräten einsetzte, der bis heute anhält. Die Fülle der Daten hat mittlerweile einen unüberschaubaren Grad erreicht. Sämtliche Insitutionen, ob Unternehmen, staatliche Organe, Kirchen, Vereine oder Privatpersonen; überall werden Daten gespeichert. Dabei stellt sich heute ein neues Problem: vielfach sind in den großen Datenmengen wertvolle Informationen enthalten, die der Mensch, da sie nicht unmittelbar ersichtlich sind, nicht wahrnehmen kann.

Data Mining (DM) soll nun einen Ansatz bieten, das in den Daten implizit vorhandene Wissen zu explizieren, also offenkundig zu machen. Dazu werden die Daten analysiert und nach Auffälligkeiten, Gemeinsamkeiten oder allgemein Besonderheiten gesucht. Obwohl es für das Data Mining als relativ jungen Zweig der Wirtschaftsinformatik noch keine allgemein gültige Definition gibt, lässt sich Data Mining meines Erachtens mit folgender Definition sehr treffend beschreiben:

„Unter Data Mining versteht man das systematische (in der Regel automatisierte oder halbautomatisierte)   Entdecken und Extrahieren wertvoller, nicht trivialer und wichtiger Informationen aus großen Mengen von Daten" (http://www.net-lexikon.de/Data-Mining.html vom 15.02.04).

1.2   *Vorgehensweise*

Klassische uni-, bi- oder multivariate statistische Verfahren suchen nach Auffälligkeiten und Zusammenhängen im ein-, zwei- oder mehrdimensionalen Raum. Data Mining greift diese Verfahren auf und geht dabei noch einen Schritt weiter: DM ist ein ganzheitlicher Ansatz, interessante Zusammenhänge in Datenbestände zu finden und zu extrahieren. „Es werden bereits bekannte Lösungsansätze aus dem Bereich der künstlichen Intelligenz wie neuronale Netze als nichtlineare Prognoseverfahren, die biologischen Informationsverarbeitungen nachempfunden werden und „selbständig lernen", sowie herkömmliche statistische Verfahren berücksichtigt. Data

4

Mining steht also nicht nur für eine bestimmte Analyse, sondern für eine ganze Reihe von Verfahren" (http://www.lfd.nrw.de/pressestelle/presse_7_1_02_5.html# 2_2_2mining vom 22.02.04). Neu ist insbesondere auch „die Zielvorstellung, 'interessante', 'bisher noch nicht bekannte' und/oder 'ökonomisch verwertbare' Informationen zu gewinnen" (HIPPNER, KÜSTERS, MEYER und WILDE 2001).

Da DM-Konzepte in der Regel in Unternehmen eingesetzt werden, sollen im Folgenden die Stufen aufgezeigt werden, die für eine Integration von Data Mining in einer Unternehmung durchlaufen werden sollten (vgl. http://www.data-mining.de/miningstufen.htm vom 25.01.04).

- Zielformulierung: In der Regel soll das Data Mining in einem Unternehmen genutzt werden, um wertvolle Informationen für das Management zu liefern, das darauf aufbauend strategische Entscheidungen treffen kann. In einer ersten Phase ist deshalb das Management gefragt, entsprechende strategische Unternehmensziele zu formulieren. Beispielsweise könnte der Wunsch des Managements darin bestehen, vorhandene Kunden zu halten und Neukunden zu gewinnen.

- Ziel-Operationalisierung: Aufbauend auf den allgemeinen Zielen des Managements müssen die Ziele operationalisiert werden, um eine DM-Aufgabe formulieren zu können. Im vorliegenden Beispiel könnte eine Konkretisierung darin bestehen, herauszufinden, wie sich die zukünftige Abwanderungswahrscheinlichkeit eines Kunden vorhersehen lässt.

- Daten-Audit: In der Stufe des Daten-Audit wird untersucht, welche der vorhandenen Daten geeignet sein könnten, die in der zweiten Stufe formulierte Data Mining-Aufgabe zu erreichen. Neben den im Unternehmen vorhandenen Daten sollten dabei auch externe Daten verwendet werden, da die eigenen Daten i.d.R. nicht ausreichen.

- Methodenwahl: In der vierten Stufe wird aus den gegebenen Data Mining-Methoden eine für das Ziel geeignete ausgewählt. Neben den Rahmenbedingungen, die bei der Zielformulierung gesetzt wurden, spielen auch die zu analysierenden Daten eine große Rolle in dieser Stufe.

- Flatfile-Erstellung: Nach der Auswahl der Methode wird eine Datei erstellt, die ausschließlich alle relevanten Informationen enthält. Hier können auch Aggregationsprozesse notwendig sein, um die Daten aufzubereiten.

- Datentransformation: Die aggregierten Daten müssen anschließend transformiert werden. Je nach gewählter Mehode müssen die Merkmale in diskrete, binäre oder stetige Merkmale gewandelt werden.

5

- Entwicklung: Nun beginnt der eigentlich Data Mining-Prozess. Die im Flatfile vorhandenen Daten werden mit der gewählten Methode analysiert.

- Ökonomische Validierung: Die Ergebnisse des DM müssen zwingend auf ihre Korrektheit bzw. Sinnhaftigkeit geprüft werden. Werden beispielsweise für das Ziel unwichtige Daten in die Analyse einbezogen und zu schwer gewichtet, können Ergebnisse entstehen, die ökonomisch nicht nachzuvollziehen sind. Sinnvoll ist dabei auch, das Verfahren auf mehrere Testbestände anzuwenden, bei denen die Ergebnisse bereits bekannt sind. So kann untersucht werden, ob sinnvolle Ergebnisse geliefert werden.

- Implementierung und Roll-Out: Sind die Ergebnisse als zufrieden stellend beurteilt worden, so können nun die erhaltenen Erkenntnisse in die bestehenden betrieblichen Prozesse integriert werden.

- Feed Back und Controlling: Wie bei allen Softwarelösungen ist auch bei einem Data Mining-Tool ein Feed Back der Benutzer einzuholen. Außerdem muss die Anwendung überwacht und regelmäßig auf Aktualität kontrolliert werden.

1.3   Probleme beim Data Mining

Das größte Problem beim Data Mining besteht im Zusammenhang mit den zu analysierenden Daten. Schon bei der Verwendung der Daten bestehen rechtliche Fragen für das Unternehmen. Laut Edda Müller, Vorsitzende des Bundesverbandes der Verbraucherzentralen (vzbv) gibt es „zum Teil gravierende Verstöße gegen Datenschutzregeln" insbesondere bei den über 22 Millionen Kundenkarten in Deutschland („Sorgloser Umgang mit Daten", Sulzbach-Rosenberger Zeitung vom 21.01.04).

Doch auch bei einer bestehenden Sicherheit über die Rechtmäßigkeit der verwendeten Daten sind einige Probleme für DM-Spezialisten signifikant (vgl. MUKSCH und BEHME 2000):

- Unvollständigkeit und Spärlichkeit der Daten

  In der Realität ist zu beobachten, dass die Daten einer Datenbasis sehr „lückenhaft" gefüllt sind. Ein Beispiel sei die email-Adresse der Kunden eines Unternehmens. Ist diese in der Datenbank nicht gefüllt, so kann nicht ohne weiteres unterschieden werden, ob der Kunde keine Mailadresse besitzt oder diese nicht angegeben hat.

- Dynamik der Daten

Data Mining-System arbeiten in der Regel offline. Dadurch entsteht das Problem, dass die Daten nicht immer auf dem aktuellsten Stand gehalten werden können. So ist ein exaktes Ergebnis nicht sicher gestellt.

- Datenschmutz

Gewöhnlich basieren DM-Tools auf Daten, die an irgendeiner Stelle des Unternehmens per Hand erfasst wurden (evtl. auch durch den Kunden selbst). Eine falsche oder ungenaue Eingabe von Daten ist „vorprogrammiert" und muss vor der Verwendung der Daten beseitigt werden.

- Redundanz

Das Vorhandensein von Redundanzen kann dazu führen, dass diese als „Ergebnis" der Anwendung des Data Mining-Verfahrens präsentiert wird. Redundanzen sind vor Anwendung des Programms zu entfernen.

- Irrelevante Felder

Für die Auswertung unwichtige Felder müssen vor der Analyse durch die Erstellung eines Flatfiles (vgl. auch Abschnitt 1.2) eliminiert werden.

- Datenvolumen

Data Mining-Tools werden in der Regel auf kleinen Datenbeständen entwickelt (ca. 10.000 bis 100.000 Datensätze). Dabei ergibt sich ein Trade-Off zwischen der Anzahl der Daten und dem eingesetzten Rechenaufwand. Je mehr Daten untersucht werden, um so besser werden die Ergebnisse, der Aufwand steigt jedoch an.

Weitere Probleme, die nicht im Zusammenhang mit den zu verwendenden Daten stehen, sind zum einen die Abhängigkeit der Verfahren vom Entwickler. Dieser wird tendenziell diese Methoden anwenden, mit denen er bereits gute Erfahrungen gemacht hat. Außerdem kann er schon mit Hypothesen die Entwicklung beginnen, was dazu führen kann, dass das DM-Tool durch die Subjektivität des Entwicklers „beeinflusst" wird.

Weiterhin stellt die Aufbereitung der gewonnenen Daten ein Problem dar (vgl. Abschnitt 1.4).

Schließlich sind die erhaltenen Ergebnisse keinesfalls immer auch für das Unternehmen interessant: So können Redundanzen „zu Tage treten", bedeutungslose oder bereits bekannte Zusammenhänge aufgezeigt werden oder Trivialitäten als „Ergebnisse" präsentiert werden.

1.4   Aufbereitung der Daten

Wie bereits in Abschnitt 1.3 ausführlicher dargelegt, bestehen die größten Probleme beim Data Mining durch die zu Grunde liegenden Daten. Dementsprechend nimmt die Aufbereitung der Daten (auch „data cleaning") einen großen Bestandteil des Vorgangs beim Data Mining ein. Folgende Verfahren können im Vorlauf des DM in Frage kommen:

- Behandlung fehlender Attributswerte

Die einfachste Möglichkeit, fehlende Werte eines Attributs zu behandeln ist, dieses Attribut bei der Auswertung nicht zu berücksichtigen. Diese Möglichkeit ist jedoch nicht immer wünschenswert. Ein zweiter Weg besteht darin, fehlende Werte zu ergänzen, beispielsweise durch das arithmetische Mittel der gefüllten Attributwerte. Schließlich können fehlende Werte besonders gekennzeichnet werden, beispielsweise „durch Einträge [...], die außerhalb des Gültigkeitsbereichs liegen, beispielsweise eine negative Zahl (z.B. -1) in einem numerischen Feld, das normalerweise nur positive Zahlen enthalten darf" (WITTEN und FRANK 2001).

- Behandlung doppelt vorhandener Datensätze

Redundante Datensätze lassen sich mit Hilfe einfacher Methoden herausfiltern. Doppelte Datensätze sollten im Rahmen der Aufbereitung der Daten entfernt werden.

- Datenanreicherung

Bei der Analyse der Daten kann die Erkenntnis zu Tage treten, dass die vorhandenen Daten für die Analyse nicht ausreichen. In diesem Fall ist es notwendig, weitere Datenquellen zu erschließen. Eine Möglichkeit hierzu ist der Zukauf von Fremddaten (z.B. mikrogeographische Daten). Dass hier die Grenze zwischen legaler und illegaler Datenbeschaffung sehr eng gezogen ist, soll an dieser Stelle nur erwähnt werden.

- Datenreduktion

Umgekehrt kann es der Fall sein, dass die vorhandene Datenfülle im Data Mining-Verfahren nicht verarbeitet werden kann. Hier ist es angebracht, bestimmte Daten aus der Analyse auszuschließen. Dabei muss man sich jedoch absolut sicher sein, dass das Entfernen der Daten keinen Einfluss auf das Ergebnis haben kann.

- Kodierung der Attribute

Viele Attribute der Daten liegen in textualer Form vor, die durch eine entsprechende Kodierung auswertbar gemacht werden können. So können z.B. in einem Vorlauf im Attribut „Geschlecht" die Ausprägungen „männlich" oder „weiblich" durch nummerische Werte ersetzt werden.

2 Data Mining und Knowledge Discovery

2.1 Definition: „Knowledge Discovery"

Oftmals werden die Begriffe „Data Mining" und „Knowledge Discovery" synonym verwendet. Da sich die beiden Begriffe jedoch durchaus unterscheiden, soll hier eine Abgrenzung vorgenommen werden.

Eine formale Definition des Knowledge Discovery liefern ESTER und SANDER (2000): „Knowledge Discovery in Databases (KDD) [...] ist der Prozeß der (semi-)automatischen Extraktion von Wissen aus Datenbanken, das

▪ gültig (im statistischen Sinne)

▪ bisher unbekannt und

▪ potentiell nützlich (für eine gegebene Anwendung) ist."

Auch diese Definition zeigt die Nähe zur oben genannten Definition des Data Mining. Das DM stellt dabei jedoch einen Teilbereich des Knowledge Discovery dar, wie im folgenden Abschnitt zu zeigen sein wird.

2.2   Die Phasen des Knowledge Discovery

Die folgenden Ausführungen basieren auf ESTER und SANDER (2000).

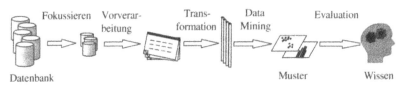

Quelle: ESTER und SANDER (2000, S. 2)

Abb. 1:   Phasen des Knowledge Discovery in Databases

Die einzelnen Phasen sollen kurz erläutert werden:

*   Fokussieren

    Im ersten Schritt wird, ausgehend von den Zielen des Knowledge Discovery Prozesses, die Datenbasis eingeschränkt. Die Datenreduktion ist notwendig, weil die Systemressourcen jedes Computers beschränkt sind und die Anwendung auf dem kompletten Datenbestand in der Regel nicht performant laufen kann.

*   Vorverarbeitung

    Nun werden die ausgewählten Daten vorbereitet. Hierbei geht es darum, die Daten konsistent zu machen und zu vervollständigen. Die Behandlung fehlender Attributwerte ist ein Teil der Vorverarbeitung (vgl. auch Abschnitt 1.4).

*   Transformation

    Ziel der Transformation der Daten ist es, die Attribute in eine für das Data Mining verarbeitbare Form zu bringen. Eine Möglichkeit hierfür ist die Kodierung der Attribute.

*   Data Mining

    Nun erst erfolgt der eigentliche Schritt des Data Mining. In diesem Schritt werden die Algorithmen gestartet, die Muster und Auffälligkeiten in der Datenbasis finden sollen. Einige Verfahren werden später im Groben vorgestellt: Die Klassifikation (Abschnitt 4.1), die Assoziationsregeln (Abschnitt 4.2) und das Clustering (Abschnitt 4.3).

*   Evaluation

In diesem letzten Schritt des Knowledge Discovery Prozesses müssen die vom Data Mining gefundenen Muster untersucht werden. Das geschieht zum einen durch die richtige Präsentation der Ergebnisse durch das System, zum anderen durch die Untersuchung durch einen Experten der Fachabteilung, der die Ergebnisse bewerten muss. Sind diese nicht zufrieden stellend, so kann ein weiterer Durchlauf des gesamten Prozesses notwendig sein. Durch eine veränderte Auswahl der Daten oder andere Verfahren bei der Transformation können die Ergebnisse beeinflusst werden.

3   Data Mining als Bestandteil des Data Warehousing

Das Data Warehouse (DWH) ist im Grunde genommen nichts anderes als ein Datenbanksystem. Dieses wird jedoch nicht für bestimmte Anwendungsprogramme errichtet, sondern gezielt dafür aufgebaut, das Management in ihren Entscheidungen zu unterstützen. Das DWH lässt sich wie folgt skizzieren:

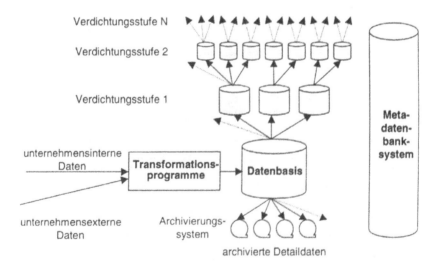

Abb. 2:   Komponenten eines Data Warehouse

Quelle: HIPPNER, KÜSTERS, MEYER und WILDE (2001, S. 9)

Im Data Warehouse werden unternehmensinterne und -externe Daten gesammelt und durch Transformationsprogramme in eine einheitliche Form gebracht. Detaildaten, die für

11

Auswertungen nicht von primärem Interesse sind, werden – in der Regel auf Magnetbänder – archiviert. Die Metadatenbank dokumentiert alle erforderlichen Datenbeschreibungen.

Besonderes Merkmal eines DWH ist, dass die Daten nach der erstmaligen Speicherung nicht mehr verändert werden. So kann jede Auswertung wiederholt und nachvollzogen werden. Das bedeutet allerdings auch, dass auf „Echtzeitdaten" verzichtet werden muss. Da die Informationen, die das Management als Grundlage für Entscheidungen braucht, normalerweise langfristigen Charakter haben, ist diese Einschränkungen als nicht Wesentlich zu betrachten.

Das Data Mining kann auf die bereitgestellte Datenbasis zugreifen. Grundsätzlich ist für das Data Mining nicht zwingend ein Data Warehouse erforderlich – das DM könnte auch auf eine andere Datenbasis zugreifen. „Das Data Warehouse als Ausgangspunkt erlaubt jedoch in der projektspezifischen Datenaufbereitungsphase im Data Mining-Prozess [...] erhebliche Zeit- und Ressourceneinsparungen, durch die eine sinnvolle Einbindung der Data Mining-Ergebnisse in den zeitlichen Verlauf der Geschäftsprozesse und der Managementprozesse im Marketing oft erst möglich wird" (HIPPNER, KÜSTERS, MEYER und WILDE 2001).

4 Techniken des Data Mining

4.1 Klassifikation und Entscheidungsbaum

4.1.1 Ziele der Verfahren

„Menschen nutzen die Techniken des maschinellen Lernens oft, um die Struktur ihrer Daten kennen zu lernen, und nicht, um Vorhersagen für neue Fälle zu treffen" (WITTEN und EIBE 2001).

Unter diesem Vorzeichen ist es Ziel der Klassifikation, eine geeignete Einteilung von Attributen der zu Grunde gelegten Datenmenge zu finden und diese in Form von Regeln darzustellen. In diesem Zusammenhang spricht man auch von „Klassifikationsregeln". Entscheidungsbäume sind eine graphische Alternative zur Klassifikation. Mit ihnen können die Regeln optisch dargestellt werden. Die Erfahrung hat gezeigt, dass eine graphische Darstellung solcher Sachverhalte das Verständnis für die ermittelten Einteilungen enorm erhöhen kann.

4.1.2   Beschreibung der Klassifikation und des Entscheidungsbaums

Bei der Klassifikation und bei Entscheidungsbäumen spricht man auch vom „Teilen und Herrschen"-Ansatz (Divide & Conquer), weil die Datenmenge in verschiedene Gruppen geteilt wird. Grundsätzlich soll bei der Klassifikation jedoch keine Verallgemeinerung der Daten vorgenommen werden; es wird dabei lediglich nach Regeln gesucht, mit denen sich die Daten eindeutig beschreiben lassen. Sie „leisten [...] nichts weiter, als alle bereitgestellten Informationen zusammenzufassen und sie in anderer, übersichtlicher Form darzustellen" (WITTEN und EIBE 2001).

Ausgangspunkt ist dabei ein ausgewähltes Attribut, das in verschiedene Klassen aufgeteilt wird. Dies stellt den ersten „Teilen"-Schritt dar. Anschließend wird mit einem weiteren Attribut fortgefahren; eine Unterteilung muss nun mehrfach vorgenommen werden, und zwar für jeden im ersten Schritt erstellten „Zweig". Diese Schritte können beliebig oft wiederholt werden, wobei jedoch bedacht werden muss, dass die Darstellung durch Klassifikationsregeln schnell unübersichtlich werden kann.

Der Entscheidungsbaum trägt seinen Namen durch die Darstellung analog eines Baums. An der Spitze steht eine „Wurzel", die die Unterscheidung nach dem ersten gewählten Attribut darstellt (bei einer Unterscheidung spricht man auch von „Bedingung" – in Analogie zum Baum auch von „Blatt"). Die auftretbaren Werte (auch „Folgerung" oder „Schluss" genannt), stellen die „Zweige" des Baums dar. Durch die wiederholte Auswertung von Attributen gelangt man so zur baumähnlichen Darstellung. Zur besseren Verständlichkeit kann auch das Anwendungsbeispiel im folgenden Kapitel „4.3.1. Anwendungsbeispiel eines Entscheidungsbaums" dienen.

Eine Überführung der erstellten Klassifikationsregeln in einen Entscheidungsbaum und umgekehrt ist normalerweise relativ problemlos möglich. Für jede erstellte Regel (in Anlehnung an die Computerverarbeitung auch „IF-Bedingung" genannt) wird ein Blatt erstellt. Die Folgerungen – die bei den Klassifikationsregeln durch die „THEN"- oder „ELSE"-Anweisung dargestellt werden – werden zu den Zweigen beim Entscheidungsbaum. Sind alle Bedingungen durchlaufen, erhält man so einen Entscheidungsbaum, der alle möglichen Werte der betrachteten Attribute darstellen kann. Umgekehrt lässt sich ein Entscheidungsbaum in analoger Weise als Regelmenge darstellen.

4.1.3 Anwendungsbeispiel eines Entscheidungsbaums

Die Erstellung von Klassifikationsregeln und eines Entscheidungsbaums soll anhand eines Beispiels, das auf WITTEN und FRANK (2001) basiert, gezeigt werden. Zu Grunde gelegt werden dafür Entscheidungen über Kontaktlinsenempfehlungen, die anhand von bestimmten Kriterien getroffen werden. Die Kriterien sowie die zugehörigen Entscheidungen sind in folgender Tabelle aufgelistet.

Tab. 1:Kontaktlinsenempfehlungen unter Berücksichtigung bestimmter Attribute

alter	fehlsichtigkeit	astigmatismus	traenenfluessigkeit	empfohlene linsen
jung	kurzsichtig	nein	vermindert	keine
jung	kurzsichtig	nein	normal	weiche
jung	kurzsichtig	ja	vermindert	keine
jung	kurzsichtig	ja	normal	harte
jung	weitsichtig	nein	vermindert	keine
jung	weitsichtig	nein	normal	weiche
jung	weitsichtig	ja	vermindert	keine
jung	weitsichtig	ja	normal	harte
mittleres alter	kurzsichtig	nein	vermindert	keine
mittleres alter	kurzsichtig	nein	normal	weiche
mittleres alter	kurzsichtig	ja	vermindert	keine
mittleres alter	kurzsichtig	ja	normal	harte
mittleres alter	weitsichtig	nein	vermindert	keine
mittleres alter	weitsichtig	nein	normal	weiche
mittleres alter	weitsichtig	ja	vermindert	keine
mittleres alter	weitsichtig	ja	normal	keine
gesetztes alter	kurzsichtig	nein	vermindert	keine
gesetztes alter	kurzsichtig	nein	normal	keine
gesetztes alter	kurzsichtig	ja	vermindert	keine
gesetztes alter	kurzsichtig	ja	normal	harte
gesetztes alter	weitsichtig	nein	vermindert	keine
gesetztes alter	weitsichtig	nein	normal	weiche
gesetztes alter	weitsichtig	ja	vermindert	keine

Quelle: WITTEN und FRANK (2001, S. 4)

Die Tabelle zeigt folgenden Sachverhalt auf: In Abhängigkeit der Attribute „Alter", „Fehlsichtigkeit", „Astigmatismus" und „Tränenflüssigkeit" wird festgelegt, ob einem Patienten Kontaktlinsen empfohlen werden können, und falls ja, welche. Es handelt sich hierbei lediglich um eine Auflistung von Daten und einer zugehörigen Entscheidung. Diese Daten stellen eine Datenbasis dar, die für eine Untersuchung mit den Verfahren des Data Mining hergenommen werden könnte.

Wendet man nun das Verfahren der Klassifikation auf diese Datenbasis an, so sollen damit Regeln gefunden werden, die die Entscheidung in der letzten Spalte herbeiführen. Eine erste Erkenntnis könnte dabei sein, dass grundsätzlich keine Kontaktlinsen empfohlen werden können, wenn die Tränenflüssigkeit des Patienten vermindert ist. Eine entsprechende Formulierung dieser

Regel könnte formal lauten:

```
IF traenenfluessigkeit = vermindert

THEN empfohlene linsen = keine
```

Mit dieser Regel hat man bereits die Hälfte der auftretenden Fälle erledigt. Nun könnte festgestellt werden, dass in jungem Alter ohne Astigmatismus und mit normaler Tränenflüssigkeit weiche Kontaktlinsen empfohlen werden können. Diese Tatsache könnte man mit folgender Regel ausdrücken:

```
IF alter = jung

AND astigmatismus = nein

AND traenenfluessigkeit = normal

THEN empfohlene linsen = weiche
```

Damit wären zwei weitere Fälle abgehandelt. So könnte man sämtliche auftretenden Fälle behandeln und damit ein Regelwerk schaffen, das alle Fälle abdeckt. Ein vollständiges Regelwerk für das dargestellte Problem könnte wie folgt aussehen:

```
IF traenenfluessigkeit = vermindert THEN empfohlene linsen = keine

IF alter = jung AND astigmatismus = nein AND traenenfluessigkeit = normal
   THEN empfohlene linsen = weiche

IF alter = mittleres alter AND astigmatismus = nein and traenenfluessigkeit
   = normal THEN empfohlene linsen = weiche

IF alter = gesetztes alter AND fehlsichtigkeit = kurzsichtig AND
   astigmatismus = nein THEN empfohlene linsen = keine

IF fehlsichtigkeit = weitsichtig AND astigmatismus = nein AND
   traenenfluessigkeit = normal THEN empfohlene linsen = weiche

IF fehlsichtigkeit = kurzsichtig AND astigmatismus = ja AND
   traenenfluessigkeit = normal THEN empfohlene linsen = harte

IF alter = jung AND astigmatismus = ja AND traenenfluessigkeit = normal
   THEN empfohlene linsen = harte

IF alter = mittleres alter AND fehlsichtigkeit = weitsichtig AND
   astigmatismus = ja THEN empfohlene linsen = keine

IF alter = gesetztes alter AND fehlsichtigkeit = weitsichtig AND
   astigmatismus = ja THEN empfohlene linsen = keine
```

Diese Regeln könnten also, wie bereits erwähnt, das Resultat einer Untersuchung der gegebenen

Datenmenge mit Hilfe der Klassifikation sein. Die Übersichtlichkeit der erstellten Regeln lässt jedoch sehr zu wünschen übrig. Es wurde bereits weiter oben gesagt, dass sich solche Regeln in einen Entscheidungsbaum überführen lassen. Das soll an dieser Stelle geschehen. Zu diesem Zweck zieht man das Kriterium, welches die Ergebnismenge am meisten einschränkt, als erstes Unterscheidungskriterium heran. In unserem Fall ist es das Attribut „traenenfluessigkeit", weil immer, wenn hier der Wert „vermindert" auftaucht, keine Kontaktlinsen empfohlen werden können. Ist die Tränenflüssigkeit normal, sind weitere Unterscheidungen zu treffen. Es wird dann das Attribut gewählt, mit dem sich wiederum die meisten verbleibenden Fälle ausschließen lassen können und so weiter. Das Resultat ist folgender Entscheidungsbaum, wobei hier „tear production rate" für das Attribut „traenenfluessigkeit", „astigmatism" für „astigmatismus" und „spectacle prescription" für „fehlsichtigkeit" stehen. „Myope" bedeutet „kurzsichtig", „hypermetrope" heißt „weitsichtig".

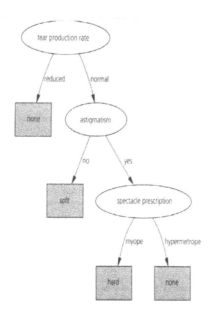

Quelle: WITTEN und FRANK (2001, S. 13)

Abb. 3:   Entscheidungsbaum für das Kontaktlinsenproblem

16

4.1.4   Probleme bei Klassifikation und Entscheidungsbaum

Wie bereits gezeigt, ist das Ergebnis der Klassifikation ein Regelwerk, das sich oftmals durch Unüberschaubarkeit auszeichnet.

Auf ein weiteres Problem wurde bisher nicht eingegangen: Es kann vorkommen – beispielsweise durch eine unsaubere Datenbasis – dass nicht alle Regeln eindeutig gefällt werden können, dass sich also die Anweisungen, die sich durch die Untersuchung der Attribute ergeben, widersprechen. Auf dieses Problem soll im Rahmen dieser Seminararbeit jedoch nicht näher eingegangen werden.

Schießlich sei noch anzumerken, dass Klassifkation und Entscheidungsbaum oftmals keine neuen Erkenntnisse liefern können. Sie sind aber zur Untersuchung und zum „Kennen lernen" der Datenbasis äußerst hilfreich.

4.2   *Die Assoziationsregeln*

4.2.1   Ziel der Assoziationsregeln

In der Regel ist es bei der Analyse von Datenbeständen interessant, bestimmte Zusammenhänge zwischen den einzelnen Attributen zu entdecken. Die festgestellten Assoziationen werden als so genannte Assoziationsregeln formuliert und stellen insbesondere ein sehr gutes Mittel zur Warenkorbanalyse dar. „Gegeben ist dabei eine Datenbank von 'Warenkörben', die gewisse Kundentransaktionen repräsentieren. Ein einzelner Warenkorb ist im weitesten Sinn eine Menge von zusammen eingekauften oder angeforderten Artikeln, Dienstleistungen oder Informationen eines Anbieters" (ESTER und SANDER 2000). So etwa in folgendem Beispiel, das sich auf HIPPNER, KÜSTERS, MEYER und WILDE (2001) stützt:

Untersucht werden die Verkaufsdaten eines Supermarktes. Durch Assoziationsregeln wird beispielsweise herausgefunden, dass männliche Käufer von Babynahrung oftmals (mit einer Wahrscheinlichkeit von 37%) auch Bier kaufen. Durch diese Erkenntnis wird die Unternehmensleitung in die Lage versetzt, die Gestaltung der Regale bzw. die Einteilung der Waren in den Regalen so vorzunehmen, dass „miteinander korrelierte" Waren nahe beieinander stehen – oder extra weit auseinander, damit der Kunde beim „Einsammeln" der Waren an vielen anderen Produkten vorbeigehen muss.

Assoziationen stellen somit Abhängigkeiten der Form $\{x_1\} \rightarrow \{y_1\}$ dar. Das bedeutet, dass mit einer gewissen Wahrscheinlichkeit des Eintretens des Ereignisses x_1 auch das Ereignis y_1 eintritt. Genauso kann es aber auch das Ziel der Entdeckung von Assoziationen sein, feststellen zu können, dass, wenn mehrere Attribute x_1 bis x_n auftreten, mit einer gewissen Wahrscheinlichkeit auch ein oder mehrere Attribute y_1 bis y_n auftreten werden. Formal könnte man das wie folgt darstellen:

$$\{x_1, ..., x_n\} \rightarrow \{y_1\}$$

beziehungsweise

$$\{x_1, ... x_n\} \rightarrow \{y_1, ..., y_n\}.$$

Ein weiteres Beispiel einer einfachen Assoziation (die jedoch mit einfacheren Verfahren als diejenigen, die beim Data Mining angewendet werden, ermittelt werden können) ist auf den Internetseiten von amazon.de zu finden. Wählt man dort einen Artikel aus, so erscheint im Anschluss daran der Hinweis: „Kunden, die dieses Buch gekauft haben, haben auch diese Bücher gekauft [...]".

Zusammengefasst lässt sich sagen: „Das Wissen um solche Zusammenhänge kann auf vielfältige Weise angewendet werden, beispielsweise für effizienteres Cross Marketing, für gezieltere Attached Mailings/Add-on Sales, für verbessertes Katalog-Design und Laden-Layout, oder etwa auch für eine automatische Kundensegmentierung anhand von gemeinsamen, durch Assoziationsregeln ausgedrücktem Einkaufsverhalten" (ESTER und SANDER 2000).

4.2.2   Erzeugung von Assoziationsregeln

Im folgenden soll die Vorgehensweise bei der Erzeugung von Assoziationsregeln kurz erläutert werden.

Ausgegangen wird von einem einfachen, sehr kleinen Datenbestand (vgl. auch ESTER und SANDER 2001), der verschiedene Transaktionen (Einkäufe) von Kunden eines Supermarktes beinhaltet. Die einzelnen gekauften Waren werden auch als „Items" bezeichnet.

Tab. 2: Warenkorbbestand zur Ermittlung von Assoziationsregeln

Transaktionen	Items
Nr. 1	• ITEM 1
	• ITEM 2
	• ITEM 3
	• ITEM 4
Nr. 2	• ITEM 2
	• ITEM 3
	• ITEM 4
Nr. 3	• ITEM 1
	• ITEM 5
	• ITEM 2
	• ITEM 3
Nr. 4	• ITEM 3
	• ITEM 4
Nr. 5	• ITEM 1
	• ITEM 4
Nr. 6	• ITEM 1

Quelle: nach ESTER und SANDER (2000, S. 161)

Nun wird ein Data Mining-Tool gestartet, das Assoziationen im Datenbestand finden soll.

Ausgegangen wird von der ersten gekauften Ware der ersten Transaktion. In unserem Fall ist das ITEM 1. Nun wird geprüft, in wie vielen Fällen ITEM 1 zusammen mit dem zweiten Item der ersten Transaktion (hier: ITEM 2) gekauft wird. Das ist in den Transaktionen 1 und 3, also in insgesamt zwei Transaktionen, der Fall. Untersucht wurden vier Transaktionen, in denen ITEM 1 aufgetreten ist. Will man nun die Wahrscheinlichkeit des Eintretens berechnen, müssen diese beiden Zahlen ins Verhältnis gesetzt werden:

$$p = \frac{\text{Anzahl zutreffender Transaktionen}}{\text{Anzahl untersuchter Transaktionen}} = \frac{2}{4} = 50\%.$$

Man stellt also fest, dass bei Einkauf von ITEM 1 mit einer Wahrscheinlichkeit von 50% auch ITEM 2 gekauft wird. Formal lässt sich diese Regel wie folgt formulieren:

{ITEM 1} → {ITEM 2} = 50%.

Der gleiche Vorgang kann für alle existierenden Items durchgeführt werden. Dabei werden verschiedene Wahrscheinlichkeiten festgestellt. Ist die Wahrscheinlichkeit, dass eine aufgestellte Assoziationsregel zutrifft, sehr gering, wird sie den Durchführer des Test kaum interessieren. In der Regel wird daher eine Angabe der Wahrscheinlichkeit beim Starten der Untersuchung mit angegeben, die mindestens erreicht werden muss, damit die gefundene Regel auch angezeigt wird. Andernfalls wird sie verworfen und es wird nach weiteren Regeln gesucht.

Wichtig bei den Assoziationsregeln ist auch noch die Häufigkeit, mit der bestimmte Attribute im Datenbestand auftreten. Ist die gefundene Assoziationregeln beispielsweise zu 100% zutreffend, die Items kommen im Datenbestand aber äußerst selten vor, so ist die Regel nicht von Interesse, da sich ein weiterer Aufwand zur Analyse nicht lohnen wird. Diese Wahrscheinlichkeit wird auch beim Data Mining mit berücksichtigt.

4.2.3   Anwendungsbeispiel von Assoziationsregeln

Verdeutlicht werden soll dieser Vorgang nun mit einem Anwendungsbeispiel. Zugrunde gelegt werden Daten von WITTEN und FRANK (2001). In diesem Beispiel sind Wetterdaten aufgelistet, anhand deren entschieden wird, ob ein bestimmtes Spiel (bei Analyse der Daten lässt sich erkennen, dass es sich wohl um ein Spiel handelt, das im Haus gespielt wird) gespielt werden soll oder nicht. Es wird hier bewusst ein Beispiel außerhalb der Warenkorbanalyse gewählt, um nicht den Eindruck zu erwecken, dass Assoziationsregeln nur mit diesen in Verbindung anwendbar seien.

Tab. 3: Wetterdaten zur Entscheidung über das Spielen eines Spiels

ausblick	temperatur	luftfeuchtigkeit	windig	spielen
sonnig	heiß	hoch	nein	nein
sonnig	heiß	hoch	ja	nein
bewölkt	heiß	hoch	nein	ja
regnerisch	mild	hoch	nein	ja
regnerisch	kühl	normal	nein	ja
regnerisch	kühl	normal	ja	nein
bewölkt	kühl	normal	ja	ja
sonnig	mild	hoch	nein	nein
sonnig	kühl	normal	nein	ja
regnerisch	mild	normal	nein	ja
sonnig	mild	normal	ja	ja
bewölkt	mild	hoch	ja	ja
bewölkt	heiß	normal	nein	ja
regnerisch	mild	hoch	ja	nein

Quelle: WITTEN und FRANK (2001, S. 9)

Begonnen wird wiederum mit dem ersten Attribut („ausblick"). Die Assoziationsregel lautet formal:

{ausblick=sonnig} → {spielen=nein}

bzw. ausgeschrieben:

„Wenn der Ausblick sonnig ist, soll das Spiel nicht durchgeführt werden."

Es werden nun wiederum die Häufigkeiten der auftretenden Fälle in Relation gesetzt, um die Wahrscheinlichkeit ermitteln zu können. Ist der Ausblick sonnig, so wird in drei Fällen die Entscheidung getroffen, nicht zu spielen, in zwei Fällen hingegen soll das Spiel durchgeführt werden:

$p = 3 / 5 = 0,6.$

In 60% der Fälle wird also bei einem sonnigen Ausblick die Entscheidung getroffen, nicht zu spielen, oder formal: {ausblick=sonnig} → {spielen=nein}.

Dieser Vorgang wird für alle Attribute und Attributkombinationen wiederholt, wobei nur diejenigen Assoziationsregeln angezeigt werden, deren Eintrittswahrscheinlichkeit über der vom Anwender vorgegebenen liegt. Interessant wäre im vorliegenden Beispiel vielleicht die Angabe (die allerdings nichts mit der eigentlichen Spielentscheidung zu tun hat):

{temperatur=kühl} → {luftfeuchtigkeit=normal} = 100%.

4.2.4   Probleme bei Assoziationsregeln

Insgesamt bietet die Bildung von Assoziationsregeln eine sehr gute Möglichkeit, Zusammenhänge in Datenbeständen zu analysieren bzw. zu finden. Auch das Bilden der Regeln und die Berechnung der zugehörigen Wahrscheinlichkeiten stellt technisch kein Problem dar.

Wie das Anwendungsbeispiel jedoch bereits implizit zeigte, besteht eine Vielzahl von möglichen Kombinationen von Assoziationen, die beim Versuch, auffallende Kombinationen zu finden, untersucht werden müssen. Je größer der Datenbestand, um so umfangreicher werden die Untersuchungen. „Gerade in großen Datenbanken besteht das reale Problem [...] in der kombinatorischen Explosion des Lösungsraums und den damit verbundenen enormen Anforderungen an Speicherplatz und Rechenleistung" (HIPPNER, KÜSTERS, MEYER und WILDE 2001).

Gewarnt werden muss in diesem Zusammenhang auch vor dem „bedingungslosen Anerkennen" der vom System erstellten Assoziationsregeln. Die gefundenen Regeln können stets nur so gut sein wie der zu Grunde gelegte Datenbestand. Ist die Datenbasis nicht korrekt oder werden falsche Attribute in die Untersuchung mit einbezogen, können Ergebnisse entstehen, die die Wirklichkeit nicht korrekt wiedergeben (vgl. hierzu auch Gliederungspunkt 1.3 „Probleme beim Data Mining").

4.3   Das Clustering

4.3.1   Ziel des Clustering

„Clustering-Methoden werden angewendet, wenn es nicht darum geht, eine Klasse vorherzusagen, sondern die Instanzen in natürliche Gruppen einzuteilen" (WITTEN und FRANK 2001). Beim Clustering sollen die zu untersuchenden Daten also in verschiedene Klassen („Cluster") eingeteilt werden. Hierbei stehen die Klassen zu Beginn der Analyse noch nicht fest; Aufgabe des Clustering ist daher auch, diese Klassen bzw. Cluster zu konstruieren. Die einzelnen Cluster sollten in sich möglichst ähnliche Attribute vereinen und sich im Gegensatz zu anderen Clustern möglichst stark voneinander unterscheiden.

Die Clusteranalyse kann daher in zwei verschiedene Schritte unterteilt werden:

1.   Berechnung der Distanzen zwischen den Attributen

2.   Zuordnung der verschiedenen Attribute zu den gebildeten Clustern.

Das Ziel des Clustering ist es also, die „Daten (semi-)automatisch so in Kategorien, Klassen oder Guppen (Cluster) einzuteilen, dass Objekte im gleichen Cluster möglichst ähnlich und Objekte aus verschiedenen Clustern möglichst unähnlich zueinander sind" (ESTER und SANDER 2000).

4.3.2   Beschreibung des Clustering

Es gibt verschiedene Methoden des Clustering, wie z.B. der „k-Mittelwerte-Algorithmus", das „inkrementelle Clustering" oder statistisches Clustering. Bevor ein Cluster-Verfahren (das k-Mittelwerte-Verfahren) genauer aufgezeigt wird, sollen hier noch beispielhafte Ergebnisse der verschiedenen Clusteranalysen dargestellt werden. In folgender Abbildung 7a werden verschiedene Attribute in drei Cluster eingeteilt (einfache Aufteilung). In Abbildung 7b ist es dagegen möglich, dass ein Attribut mehreren Clustern angehört. In Abbildung 7c wird eine Wahrscheinlichkeitsverteilung für das Auftreten von Instanzen in einem bestimmten Cluster aufgezeigt. Schließlich gibt es noch eine hierachische Clusterstruktur, die von einigen Verfahren erzeugt werden kann. Ein Beispiel hierfür ist in Abbildung 7d dargestellt.

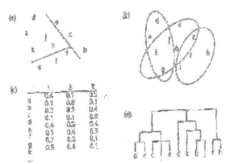

Abb. 4:   Methoden zur Darstellung von Clustern

Bei der k-Mittelwerte-Methode werden zunächst k beliebige Punkte als Clusterzentren durch den Benutzer des Systems gewählt, wobei k die Anzahl der Cluster darstellt, die gebildet werden sollen. Nun beginnt das System mit der Analyse. Dazu werden die Attribute zunächst ihrem nächstgelegenen Clusterzentrum zugeordnet, wodurch man eine erste Aufteilung erhält. Für diese Cluster werden die Mittelwerte anhand aller in ihnen enthaltenen Attribute berechnet. Die Ergebnisse werden als neue Mittelwerte für die Cluster angenommen. Die getätigten Schritte werden wiederholt, bis ein optimales Ergebnis zu Stande gekommen ist. Das ist der Fall, wenn bei zwei Durchläufen in Folge die Attribute genau gleich auf die Cluster aufgeteilt werden.

4.3.3   Anwendungsbeispiel des Clustering

Das folgende Beispiel soll bewusst einfach gehalten werden, um das eben allgemein erläuterte Verfahren zu verdeutlichen. Gegeben seien die Zahlen 2, 3, 5, 6, 8, 9 und 10 (es handelt sich bei der Untersuchung um ein nominales Attribut). Es wird angenommen, dass zwei Cluster gebildet werden sollen, wobei als Startwerte die Werte 5 und 8 angenommen werden.

23

1. Durchlauf:

Im ersten Durchlauf werden die Zahlen 2, 3, 5 und 6 dem ersten Cluster (Cluster A), die Zahlen 8, 9 und 10 hingegen dem zweiten Cluster (Cluster B) zugeordnet. Der Mittelwert im ersten Cluster ist

(2+3+5+6) : 4 = 4,

der von Cluster B ist

(8+9+10) : 3 = 9.

Diese Werte werden für den zweiten Durchlauf als Clustermitte angenommen.

2. Durchlauf:

Im zweiten Schritt ist die Clustermitte von Cluster A also die Zahl 4. Es werden wieder diejenigen Zahlen Cluster A zugeordnet, die näher am Clusterzentrum von A als an dem von B liegen. Im Beispiel sind das die Zahlen 2, 3, 5 und 6. Das neue Clusterzentrum berechnet sich durch Ermittlung des Mittelwerts zu:

(2+3+5+6) : 4 = 4.

Die Zahlen 8, 9 und 10 liegen näher am Clusterzentrum von B und werden daher Cluster B zugeordnet. Der Mittelwert von Cluster B ist:

(8+9+10) : 3 = 9.

Abbruch:

An dieser Stelle würde die Analyse des Beispiels bereits abbrechen. Das System erkennt, dass zweimal in Folge die gleiche Aufteilung der Attribute auf die beiden Cluster vorgenommen wurde und beendet die Analyse. Als Ergebnis wurden folgende Cluster gebildet:

Tab. 4:Ergebnis der Clusteranalyse

Cluster	Attribute	Clusterzentrum
A	2, 3, 5 und 6	Vier
B	8, 9 und 10	Neun

4.3.4 Probleme beim Clustering

Beispiele, wie das eben zur Verdeutlichung des Verfahrens aufgezeigte, sind nicht sehr realitätsnah. In der Regel wird die Datenmenge sehr viel größer und die Daten komplexer sein als hier. Das führt zum einen dazu, dass die Untersuchung sehr viel länger dauern kann, da wesentlich mehr Iterationen notwendig sind, um ein Ergebnis zu erhalten. Der Rechenaufwand steigt ebenfalls mit zunehmender Größe der Datenmenge.

Außerdem ist es denkbar, dass es nicht gelingt, sinnvolle Cluster zu bilden. Hier muss man bei Vorgabe der „Anfangsclusterzentren" oder der Clusteranzahl variieren, um dem Mechanismus „auf die Sprünge zu helfen".

Schließlich ist bei der gezeigten Methode als Nachteil festzuhalten, dass davon ausgegangen wird, dass ein Attribut genau einer Klasse zugeordnet werden kann. „In der Praxis findet man aber immer wieder Objekte, die sich nur sehr schwierig einer Gruppe zuordnen lassen. Der Einsatz eines streng partitionierenden Verfahrens führt hier u.U. dazu, dass relativ inhomogene Gruppen entstehen können" (HIPPNER, KÜSTERS, MEYER und WILDE 2001). Der dort genannte Ausweg des „fuzzy clustering" soll hier nur erwähnt, nicht aber weiter ausgeführt werden.

5   Data Mining mit SPSS

5.1   Was ist SPSS?

Nach den bisherigen allgemeinen Informationen über Data Mining und der Erläuterung zweier grundlegender Verfahren beim Data Mining soll nun ein spezifisches Anwendungsprogramm kurz dargestellt werden. Ausgesucht ist ein Programm der Firma SPSS.

SPSS ist ein 1968 gegründetes Unternehmen mit Stammsitz in Chicago und über 50 Niederlassungen in der ganzen Welt. SPSS beschäftigt derzeit über 1000 Mitarbeiter; die Produkte von SPSS werden von über 2 Millionen Benutzern verwendet. Das Unternehmen schreibt von sich selbst: „Vom Statistikwarenhaus hin zum führenden Anbieter in den Bereichen Data Mining, Marktforschung und Analytical CRM – so lassen sich über 30 Jahre Firmengeschichte in wenigen Worten auf den Punkt bringen." (http://www.spss.com/de /corpinfo/spss.htm vom 20.04.04). Die SPSS GmbH Software in München wurde 1986 gegründet, 1993 ging das Unternehmen an die Börse.

Als zentrales Produkt von SPSS können die Workbench „Clementine" und das Statistikpaket „SPSS" genannt werden. Die SPSS-Produktlinie bestand anfangs lediglich aus einem Basismodul für die Datenerfassung und -modifikation und die beiden Module „Advanced Models" und „Regression Models". Im Laufe der Zeit kamen weitere Module hinzu, wie beispielsweise

25

„Categories" zur Analyse von Kategorialdaten oder „Trends" zur Zeitreihenanalyse. Im Zentrum der Analyse mit Clementine stehen Marketingdaten, wie beispielsweise die Analyse von Kaufverhalten oder Customer Relationship Management zur Reduzierung der Kündigungsraten.

Ein Anwender von Clementine zur Verstärkung der Kundenbindung und der damit verbundenen Reduzierung der Kündigungen ist der Mobilfunkanbieter O_2. Das Westmidlands Police Department in Großbritannien setzt die Software von SPSS zur Aufdeckung von Mustern und Trends bei ungelösten Straftaten ein.

5.2 Ein Beispiel zur Entscheidungsbaum-Analyse

Die Möglichkeit beim Data Mining, einen Entscheidungsbaum zu erstellen, wurde weiter oben bereits erläutert (vgl. Abschnitt 4.1.2 „Beschreibung der Klassifikation und des Entscheidungsbaums). Daher soll nicht das Verfahren an sich, sondern die Erfassungs- und Auswertungsmöglichkeiten mit einer Software von SPSS erläutert werden. Ausgewählt wird hierzu das Modul „Answer Tree", das – wie der Name schon impliziert – ein Programm zur Entscheidungsbaum-Analyse darstellt. Das Beispiel soll dem Marketing-Bereich entnommen werden und stützt sich auf die Ausführungen in BÜHL und ZÖFEL (2002).

Im Beispiel geht es um einen Verlag, der eine populärwissenschaftliche Zeitschrift vertreibt und hierfür Werbematerial verschickt. Besteller und Nichtbesteller werden mit einigen (hier nicht näher zu spezifizierenden) Merkmalen in einer Datei gespeichert. Gewünscht ist die Information, bei welchen Personen die Werbung Wirkung zeigte und zur Bestellung der Zeitschrift führte.

Die Datenerfassung selbst kann nicht im Programm Answer-Tree vorgenommen werden; möglich ist die Erfassung im Daten-Editor der SPSS-Programmgruppe.

Nach Erfassung der Daten wird der Daten-Editor verlassen und das Programm Answer-Tree geöffnet. Hier wählt man zunächst aus, ob es sich um ein vorhandenes oder neues Projekt handelt. Wählt man hier „Neues Projekt starten", muss man als nächsten Schritt die zu analysierende Datenquelle auswählen. Anschließend wird der „Baum-Assistent" gestartet. Hier wird im ersten Schritt die Methode für die Analyse gewählt. Zur Auswahl stehen die vier Methoden „CHAID", „Exhaustive CHAID", „C&RT" und „QUEST", auf die an dieser Stelle nicht näher eingegangen werden soll. Im zweiten Schritt werden die Zielvariablen definiert:

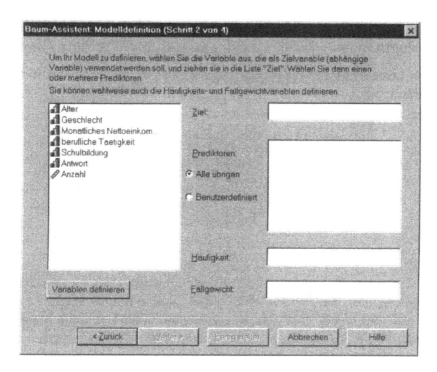

Quelle: BÜHL und ZÖFEL (2002, S. 22)

Abb. 5:   Zweiter Schritt des Baum-Assistenten von Answer-Tree

Im Beispiel wird die Variable „Antwort" als Zielvariable definiert. Bereits nach diesen wenigen Schritten kann die Erstellung des Baumdiagramms gestartet werden. Ergebnis ist ein Entscheidungsbaum, der im sogenannten „Baumfenster" angezeigt wird:

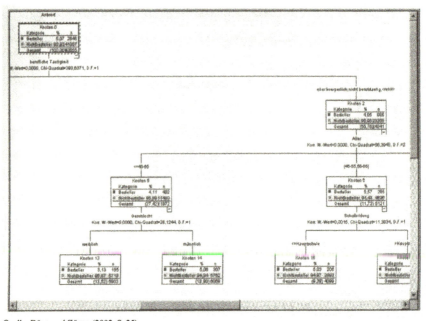

Quelle: BÜHL und ZÖFEL (2002, S. 25)

Abb. 6:   Teil des Entscheidungsbaum im „Baumfenster"

6   Data Mining mit SAS

6.1   Das Unternehmen „SAS"

SAS ist ein Softwarehaus, das als führender Anbieter von Business Intelligence Lösungen bezeichnet werden kann. Laut Informationen auf der offiziellen Homepage von SAS hat das Unternehmen einen Umsatz von 1,34 Milliarden US-Dollar (2003) und beschäftigt mehr als 9000 Mitarbeiter weltweit. Hauptsitz in Deutschland ist in Heidelberg, „von dort werden die Niederlassungen in Berlin, Frankfurt am Main, Hamburg, Köln und München betreut." (http://www.sas.com/offices/europe/germany/sas/index.html vom 25.04.04).

Nach Informationen des Unternehmens arbeiten derzeit mehr als 3,5 Millionen Menschen mit den Software-Lösungen von SAS.

6.2   *Die Lösungen von SAS*

Vielfach wird vermutet, das Hauptaugenmerk von SAS liege auf Statistik-Software. Diese Einschätzung zeigt die tatsächliche Vielfalt der von SAS angebotenen Produktpalette jedoch nicht hinreichend auf. Das Unternehmen bietet vielmehr „auf Basis eines intelligenten Enterprise Data Management [...] umfassende Lösungen für die Optimierung der Kundenbeziehungen, der Lieferantenstruktur, der internen Vorgänge sowie der Performance des ganzheitlichen Unternehmens" (CHRISTMANN und WEIHS 2003). Tatsächlich findet sich auf der Homepage von SAS (www.sas.de) eine Vielzahl von Lösungen zu den Bereichen „Marketing & Vertrieb", „Einkauf & Beschaffung", „Produktion & Logistik", „Finanzmangagement", „Risikomanagement" und noch einige andere mehr.

SAS bietet „ein integriertes Paket von Lösungen von Data Warehousing, Business Intelligence und Analytical Intelligence in Verbindung mit einer offenen und erweiterbaren Architektur" (http://www.sas.com/offices/europe/germany/solutions/te_.html – 25.04.04).

6.3   *Die Brücke zwischen Theorie und Praxis: Musterbeispiel KSFE*

Das Unternehmen SAS ist bestrebt, eine enge Verbindung zwischen den Anwendern der SAS-Produkte und dem Unternehmen selbst herzustellen bzw. beizubehalten. Außerdem ist es Ziel, eng mit den Hochschulen zusammenzuarbeiten. Durch diese Zusammenarbeit können sowohl die Hochschule (z.B. durch entsprechende Ausrüstung mit Software-Programmen) als auch das Unternehmen (durch „Feedback" der Tester und Anwender an der Hochschule) voneinander profitieren. Zu diesem Zweck wurde sogar der „SAS Academc Club" im Jahr 2000 gegründet, der „dazu beitragen [soll], Studierenden unterschiedlichster Studienbereiche eine zeitgemäße Ausbildung zu ermöglichen" (CHRISTMANN und WEIHS 2003).

Die Konferenz für SAS Anwender in Forschung und Entwicklung (KSFE) ist eine jährlich stattfindende Konferenz, die sich mit Themen der „Datenuntersuchung" befasst. Regelmäßig sind Teilnehmer des Unternehmens, aus dem Hochschulbereich und – in letzter Zeit verstärkt – aus der Wirtschaft beteiligt. Sie soll die Brücke zwischen der Theorie in den Hochschulen, der Anwendung in der Wirtschaft und der Entwicklung im Unternehmen schlagen. „Die KSFE dient [...] der Kontaktpflege, dem Erfahrungsaustausch und der Vermittlung von Neuerungen – in der Entwicklung der SAS Software einerseits sowie der Tendenzen in der universitären Forschung und Lehre andererseits" (CHRISTMANN und WEIHS 2003).

Die sechste Konferenz im Jahr 2002 fand von 28. Februar bis 1. März an der Universität in Dortmund statt. Schwerpunkt der Konferenz war das Thema Data Mining. Das große Interesse an diesem Themengebiet zeigt sich bereits an der Teilnehmerzahl: „Mit 400 Teilnehmern wurden beinahe doppelt so viele Besucher wie in den vergangenen Jahren gezählt" (CHRISTMANN und WEIHS 2003).

7   Zusammenfassung und Ausblick

Leider konnte im doch relativ kleinen Umfang dieser Seminararbeit nur ein grober Überblick über die – doch relativ komplexen – Verfahren des Data Mining und die damit verbundenen Anwendungsgebiete gegeben werden. Grundsätzlich sollte jedoch auch vermittelt werden, dass es sehr wichtig ist, die zu untersuchenden Daten entsprechend aufzubereiten. Durch fehlerhafte oder falsch aufbereitete Daten können die erhaltenen Ergebnisse bis zur Unbrauchbarkeit verfälscht werden. Auch eine zu geringe Datenmenge oder fehlende Attribute (die für die entsprechende Untersuchung aber von Bedeutung wären) verheißen bereits ein anderes Ergebnis. Bei der sechsten KSFE wurde ein Beitrag zum Einsatz von Data Mining Methoden zur Prognose von studentischem Verhalten vorgetragen. Fazit war hier: „Das wesentliche Ergebnis der Untersuchung der Studentendaten besteht in der Erkenntnis, dass sich aus den vorhandenen Daten keine entscheidend neuen Erkenntnisse über den Studienerfolg von Studierenden der Fachhochschule Mannheim gewinnen lassen" (CHRISTMANN und WEIHS 2003).

Außerdem sei noch darauf hingewiesen, dass die eigentliche Auswertung der Ergebnisse der Verfahren mindestens ebenso wichtig ist wie das Verfahren selbst und den Ergebnissen erst einen Sinn gibt. Da diese Auswertung von Menschen vorgenommen werden muss, besteht hierbei schon wieder ein Risiko durch die persönlichen Einstellungen der Benutzer. „Und schließlich hat das Konzept der Auswertung eine faszinierende philosophische Bedeutung. [...] Das, was extrahiert wird, ist letztlich eine 'Theorie' über die Daten" (WITTEN und FRANK 2001).

Dass die Anwendung von Data Mining Verfahren oftmals aufgrund der exakten Analyse von personenbezogenen Daten auch an ethische Grenzen stößt, sollte auch noch erwähnt werden. So ist beispielsweise die „Nutzung sexueller und rassischer Informationen für medizinische Diagnosen [...] ethisch sicherlich vertretbar, für die Auswertung von Kreditanträgen hingegen sicher nicht" (WITTEN und FRANK 2001). Eine genaue Trennung ist oft nicht möglich, weswegen die Nutzung sensibler Daten genau überlegt sein sollte.

In die gleiche Richtung gehen auch Argumente der Gegner von Data Mining Analysen – insbesondere bei personenbezogenen Analysen. Ein häufig benutztes Schlagwort in diesem Zusammenhang ist der „gläserne Mensch"; Kritiker befürchten eine kommende totale Überwachung und Kontrolle des Einzelnen. Dass mit Data Mining-Analysen Tendenzen in diese Richtung möglich sind, ist nicht von der Hand zu weisen. Umso mehr muss eine vorsichtige Nutzung der Auswertungsmöglichkeiten angemahnt werden.

Literaturverzeichnis

Quellen aus dem WWW wurden unter Angabe des Datums meines letzten Besuchs auf dieser Seite im Text angegeben.

BÜHL, A.; ZÖFEL, P.: *Erweiterte Datenanalyse mit SPSS. Statistik und Data Mining.* Westdeutscher Verlag, Wiesbaden 2002.

CHRISTMANN, A.; WEIHS, C. (Hrsg.): *Data Mining und Statistik in Hochschule und Wirtschaft. Proceedings er 6. Konferenz der SAS®-Anwender in Forschung und Entwicklung (KFSE).* Shaker Verlag, Aachen 2003.

ESTER, M.; SANDER, J.: *Knowledge Discovery in Databases. Techniken und Anwendungen,* Berlin et al. 2000.

HIPPNER, H.; KÜSTERS, U.; MEYER, M; WILDE, K. (Hrsg): *Handbuch Data Mining im Marketing. Knowledge Discovery in Marketing Databases.* Braunschweig, Wiesbaden 2001.

MUKSCH, H.; BEHME, W. (Hrsg.): *Das Data Warehouse-Konzept.* 3. Aufl., Gabler, Wiesbaden 1998.

WITTEN, I.H.; FRANK, E.: *Data Mining. Praktische Werkzeuge und Techniken für das maschinelle Lernen.* Carl Hanser, München 2001.